LE PROBLÈME SOCIAL

RÉSOLU

CONSÉQUENCE DE LA RÉGÉNÉRATION SOCIALE.

PAR

SCAILLETTE DIT VICTORIEN,

Auteur de la NOUVELLE LUMIÈRE, vol. in-8 ; de la Pierre Philosophale ;
de la Clef du Bonheur ; du Pouvoir Expirant ; du Paradis sur terre ;
du Triomphe de la Liberté ; de l'Ami du Genre Humain ; de la Conversion de la Rente ; du Mouvement Perpétuel ; de la Réforme Elec-
torale ; du Progrès de l'Esprit ; de la Révolution Morale ; de la Force
de la Raison ; et Il n'y a pas d'Usuriers dans Paris

Chaque brochure : 25 cent.

LES ŒUVRES COMPLÈTES CONTENANT **2801** ARTICLES.

Prix total : 7 francs.

PARIS.

Chez l'AUTEUR, rue du Bac, 19.

11 JANVIER 1847.

1847

NOTA.

Le Problème social résolu *se réduit à trois choses, savoir :*

1° Pas de partis.

2° La réunion des gens de bien contre les fripons.

3° Refus de payer pour armer le fils contre le père et corrompre les hommes.

AVIS.

Les mots en lettres italiques renvoient à la table de la Nouvelle Lumière et au sommaire de cette brochure.

Imprimerie de Ducessois, 55, quai des Augustins.

RÉGÉNÉRATION SOCIALE

PRÉLIMINAIRES.

Moyen d'être cinq fois plus fort, plus riche, plus libre, meilleur et plus heureux sans nuire à qui que ce soit.

Voyez les Progrès de l'Esprit, le Droit de l'Homme, et la Force de la Raison.

La Cause du Mal et son Remède.

Voyez les art. 425, 440 et 474 du Progrès de l'Esprit ; 602 du Droit de l'Homme, et 615 de la Force de la Raison.

Dieu n'est plus un mystère.

Voyez les art. 919 et 1026 de la Nouvelle Lumière ; 1497 de la Clef du Bonheur ; 1510, 1511, 1622 et 1678 du Pouvoir Expirant ; 100 du Paradis sur Terre ; et 422 du Progrès de l'Esprit.

Le Duel défini.

Voyez l'art. 428 et suivant du Progrès de l'Esprit.

Moyen de tripler sa clientèle pour toujours.

Voyez les art, 39, 778 et 999 de la Nouvelle Lumière ; 125 de l'Ami du Genre Humain ; 209 de la Conversion de la Rente , et 343 du Mouvement Perpétuel. Voy *Usuriers.*

Moyen de convertir le plus mauvais sujet.

Voy. les art. 211 et 251 du Triomphe de la Liberté ; 12, 79 et 136 de l'Ami du Genre Humain ; 400 de la Réforme électorale ; et 643 et 644 de la Force de la Raison.

La suppression du vote secret.

Voy. les art. 439, 442, 453 et 470 du Progrès de l'Esprit ; 96 et suivants de la Révolution Morale ; 646 et 647 de la Force de la Raison.

Les intérêts du Mont-de-Piété réduits de moitié.

Voyez la brochure intitulée, *Il n'y a pas d'Usuriers dans Paris.* Prix : 15 centimes.

70

La politique étant une affaire d'argent, et le superflu de l'argent corrompant tout, de manière à diviser les esprits pour régner,

Il faut poser en principe qu'il est difficile pour les contribuables, de contrôler les recettes et dépenses de 35 millions d'âmes.

Mais comme on ne peut acquérir que des produits de la terre, et que les propriétaires louent et vendent dans les proportions qu'ils achètent et dans les proportions de leurs contributions, les terres seules devraient être frappées d'impôt, puisque tout le monde y contribuerait, jusqu'aux étrangers, attendu, qu'il suffirait d'afficher le cadastre de chaque commune et ses dépenses, pour que chacun pût connaître les comptes directs de chaque commune, de chaque arrondissement, de chaque département et de toute la France.

Or, ne pouvant plus détourner les deniers publics sans qu'on le sache, ni faire semblant de défendre la cause du peuple, pour arriver au pouvoir et remplir ses poches;

Pour savoir si le 6me d'impôt qui frappe sur le revenu des terres serait suffisant pour payer les dépenses utiles de l'Etat,

Supposons 20 sous par jour de dépense par personne, parce qu'il y a des enfants et des malheureux qui dépensent moins, et des travailleurs, des marchands, des rentiers, des propriétaires, des riches, des millionnaires et des voleurs des deniers publics qui dépensent plus, c'est 55 millions par jour, et plus de 12 milliards par an. Donc le 6me qui frappe sur le revenu des terres fait deux milliards, c'est-à-dire 500 millions de plus que le plus fort des budgets.

71

Comme on ne peut rien faire sans un principe quelconque, et que les mauvais sont funestes ;

Il faut poser en principe, que la nature ne favorise pas plus le fils du roi que le fils du dernier des sujets ; au contraire, car le prince est aussi près du mauvais exemple que l'autre en est loin.

Mais comme il n'y a pas un homme sur la terre qui pourrait obéir sincèrement à celui qui dirait et ferait plus mal que lui, et que les rois, pour se faire obéir et payer les souteneurs de leur couronne non méritée, travaillent à la ruine et à la destruction de leurs sujets, on a pour résultat deux *forces* et deux intérêts contraires :

D'une part, la garde nationale appuyée par la souveraineté du peuple qui paie, et de l'autre, l'abus du pouvoir appuyé par la force brutale qui reçoit ;

Mais comme les rois tyrans et leurs complices

tombent d'eux-mêmes en ne donnant que tout juste pour payer les dépenses utiles de l'État,

Que peuvent les rois coalisés contre la garde nationale bien organisée, composée de huit millions d'âmes, armée pour la défense de ses droits et de la patrie.

72

Bien qu'on entende par *servitude*, l'esclavage,

Il y a deux sortes de servitude, l'esclavage et la liberté :

L'esclavage, parce qu'on n'a jamais été gouverné par celui qui mérite le mieux, et qu'on ne peut obéir à celui qui dit et fait plus mal que nous;

La liberté, parce qu'on n'a aucune volonté contraire à l'objet qu'on aime, et que le mérite sur le trône serait aimé de tout le monde.

73

Les contribuables étant déliés de leur engagement quand les rois manquent à leur parole sacrée, la question est de savoir si la *Charte*-vérité est un mensonge.

Art. 1. *Les Français sont égaux devant la loi.*

Mais comme le malheureux sans argent ne peut se faire rendre justice, et que l'on perd la cause la plus juste quand on a contre soi la ruse, les mauvaises lois, l'abus du pouvoir et l'argent qui corrompt tout, la Charte-vérité est un mensonge, puisque l'on change presque toujours du bon argent contre du mauvais, soit qu'on perde ou qu'on gagne son procès.

Art. 2. *Tous les Français contribuent indistinctement dans les proportions de leur fortune aux charges de l'État.*

Mais comme les propriétaires,et les marchands qui ont le droit d'élire, louent et vendent dans les proportions qu'ils achètent et dans les proportions des impôts qu'ils paient, ce sont les petits rentiers et les travailleurs qui n'ont pas le droit de choisir quelqu'un pour gérer leur bien, qui paient pour ainsi dire toutes les dépenses de l'État.

Art. 3. *Tous les Français sont également admissibles aux emplois civils et militaires.*

Avec cette différence, que le plus juste et le plus capable des hommes ne pourrait obtenir un grade de caporal, ou une place de garçon de bureau dans une administration publique, sans être protégé par un rogneur de budgets.

Art. 4. *La liberté individuelle est également garantie, personne ne pouvant être arrêté que dans les cas prévus par la loi, et dans les formes qu'elle prescrit.*

Mais comme elle prescrit d'arrêter la plus belle des vertus qui poursuit les rois coupables et leurs complices, il n'y a sûreté pour personne, si on en excepte ceux qui soutiennent l'abus du pouvoir pour des places ou de l'argent.

Art. 7. *Les Français ont le droit de publier leurs opinions en se conformant aux lois.*

Mais comme on ne peut écrire contre la cause du mal qui est inviolable et sacrée, ni éclairer les peuples pour les rendre plus heureux et meilleurs avec des lois qui condamnent le mensonge et la vérité, la liberté de la presse n'existe que pour ceux qui font passer les vices des rois pour des qualités, et les qualités des peuples pour des vices.

74

La première condition de l'homme, c'est la bonne foi, sans laquelle il n'y a pas de société possible.

Or, que voit-on en *Afrique ?* d'une part, un vainqueur de la rue Transnonain, qui veut que les habitants se rangent de son côté sous peine de mort; et de l'autre, un Abd-el-Kader qui passe au fil de l'épée ceux qui trahissent leur patrie.

Or, la question est de savoir si la défense de sa patrie est un crime, ou si violer le droit de propriété est une vertu.

Mais comme les rois coalisés contre les peuples auraient le droit d'agir de même envers nous, pour ravager et se partager notre belle France comme ils ont fait de la république de Cracovie ; le partage de la Pologne, c'est la part du lion, pour river les fers à tous les peuples qui veulent conserver ou qui réclament la liberté.

Voyez l'art. 520 de la Révolution morale, 557 du Droit de l'homme, et 657 de la Force de la raison.

75

Les rois les plus *coupables* ne trouvant rien au-dessus d'eux, les plus indignes voudraient soumettre tous les peuples de la terre à leurs lois barbares, pour être placés au rang des Dieux; mais comme ils ne font rien que par orgueil, par intérêt et par jalousie contraire à tout le monde, et que l'on fait comme eux par l'exemple; proclamez cette justice divine qui ne donne que tout juste, vous verrez naître la gloire, l'intérêt général et l'émulation qui ne sont contraires à personne.

76

Il y a deux sortes de *récompense*, l'une pour le crime qui soutient l'abus du pouvoir, et l'autre pour la vertu qui le renverse, par la raison qu'on accorde des récompenses nationales aux auteurs de l'élévation du duc d'Orléans au trône de France, et de l'avancement et de bonnes pensions à ceux qui ont fait feu sur leurs frères et sur les auteurs de leurs jours; avec cette différence, que la vertu porte sa tête sur l'échafaud quand elle manque son coup, et que le crime vainqueur ou vaincu reçoit sa récompense.

Or, que dirait-on d'un chef d'atelier ou d'un

père de famille qui aurait plus d'égard pour le crime que pour la vertu?

77

S'il faut dire la *vérité* ou mentir sous peine d'être muet, dites-moi pourquoi il y a des lois pour réprimer la calomnie et la vérité, et pourquoi on est plus sévère pour la vérité qui n'est contraire qu'aux coupables, que pour la calomnie qui n'est contraire qu'à l'innocent? Parce qu'il y a peu d'innocents et beaucoup de coupables à la direction des affaires.

78

D'après nos *lois*, on peut dire et écrire tout ce que l'on veut, pourvu que cela ne soit pas contraire aux rois et à la morale.

Mais comme la morale est contraire à l'immoralité des rois, parce que la vertu poursuit le crime, et que c'est pour cette raison que le crime poursuit la vertu ; les lois établies pour maintenir l'ordre causent le désordre, puisqu'elles font naître deux forces et deux intérêts contraires.

79

Les rois qui ne pensent que pour eux, et l'église qui ne pense que pour elle, nous retiennent dans les ténèbres en faisant le contraire de la morale du Dieu que nous adorons ; puisque Jésus éclairait le monde avec le flambeau de la vérité, et qu'il s'est sacrifié pour sauver tout le monde.

Mais comme l'orgueil de dominer et *l'intérêt* personnel sont contraires à tous, et que l'ignorance fait le crime, les peuples donnant les trois-quarts de ce qu'ils possèdent, soit pour aller tuer et piller leurs faibles voisins, ou pour armer le fils contre le père et corrompre les hommes,

N'est-ce pas le cas de dire que la mère de l'église et les rois des sots sont des époux bien assortis.

80

Il y a bien des pauvres d'esprit sur la terre, et par conséquent bien des *coupables*, savoir :

Les rois inviolables qui sont la cause du mal, les voleurs des deniers publics, les complices de l'abus du pouvoir, ceux qui trahissent la cause du peuple pour des places ou de l'argent, les juges qui condamnent la vertu pour sauver le crime, ceux qui prennent le mauvais exemple pour le bon, et ceux qui donnent des armes pour se faire battre.

81

S'il est vrai que les quatre-vingt-dix-neuf sur cent suivent *l'exemple* du mal, bien qu'on ne puisse le suivre ni s'y opposer sans payer l'amende ou sans passer par la main du geôlier ou du bourreau ; tout le monde suivant l'exemple du bien, parce qu'on ne peut s'y opposer, et qu'il suffit de le suivre pour jouir de l'estime publique qui est la plus belle des récompenses ; écoutez cette jactance qui passe pour de l'esprit dans le monde, elle vous dira bien qu'il n'y a pas assez de vertus en France pour proclamer la république, mais elle ne vous dira jamais que l'on peut convertir le plus mauvais sujet avec cette justice divine qui ne donne que tout juste, et que la vraie républi- que c'est la liberté de faire le bien, et jamais le mal sous peine d'être pendu.

82

Pourquoi les *juges* sont-ils plus sévères pour les journalistes qui démasquent les petits défauts du pouvoir, que pour les philosophes qui démas- quent les grands?

Parce que les journalistes irritent les peuples contre les rois et les rois contre les peuples, sans pouvoir rien changer, en se bornant à montrer le mal comme des médecins sans remèdes ; et que le philosophe peut tout changer sans nuire à qui que ce soit, en indiquant la cause du mal et son remède.

83

Qu'entendez-vous par *dette* publique?

C'est le droit de prendre le bien de tout le monde sans la permission de personne, c'est la sœur du droit de conquête, c'est le droit de faire payer les intérêts aux contribuables et à ceux qui prêtent.

Mais comme la banque fait mieux que cela, parce qu'elle spécule avec notre argent sans payer d'intérêt en battant monnaie avec du papier,

toutes ces valeurs n'étant autre chose que des assignats, on ne se rappelle plus de la banqueroute
de Law, du tiers consolidé, des assignats, et de la
caisse Lafarge.

84

Les rois exerçant un monopole affreux, il arrive que les *marchands* détestent le monopole et
les concurrents; mais comme ils aiment le monopole pour vendre et la concurrence pour acheter,
comment peut-on aimer les choses que l'on dé-
teste ?

Parce que les rois prennent leur intérêt personnel contraire à tout le monde pour juste, et
que les actions des peuples sont les actions de
ceux qui les gouvernent.

85

Les *organes* de l'opinion publique devant éclairer les peuples avec le flambeau de la vérité, et
faisant le contraire en faisant passer les vices des
uns pour des qualités, et les qualités des autres
pour des vices, moyennant des subventions ou
réclames à 6 francs par ligne; il est facile de s'a-
percevoir pourquoi ils ne réclament pas la liberté
de la presse avec des lois sévères, pour réprimer
la calomnie, et pourquoi, ils se bornent à montrer
le mal comme des médecins sans remèdes, puisqu'il n'y a plus de subventions ni réclames, et
qu'on ne peut plus faire semblant de défendre la
cause des opprimés pour arriver au pouvoir et

rogner le budget, avec cette justice divine, qui ne donne que tout juste pour payer les dépenses utiles de l'État. De là vient que nos meilleurs organes se disent de deux choses l'une :

Vaut-il mieux se vendre pour des places ou de l'argent, que de lutter contre des rois inviolables qui ont pour eux les lois, les juges, la police tracassière, la force brutale, les geôliers, les bourreaux et l'argent qui corrompt tout ?

86

Forcé de respecter les défauts des autres pour qu'ils aient les mêmes égards pour nous, quand on corrompt les peuples avec les deniers publics ; on voit où le mal commence, et comment il fait des progrès, puisqu'on ne peut démasquer les défauts des autres sous peine d'être *bourru*, ni démasquer les crimes des rois, sous peine de porter sa tête sur l'échafaud.

87

Pourquoi n'a-t-on jamais pu rien changer depuis que le monde existe et pourquoi tant de victoires remportées sur les rois ont-elles toujours tourné en faveur des intrigants ?

Parce qu'il est impossible de détruire les abus en donnant les trois quarts de ce que l'on possède pour propager le droit de conquête, pour armer le fils contre le père et corrompre les hommes ;

Par la raison que le plus indigne des hommes sur le trône, serait forcé de travailler à notre bon-

heur sons peine d'être pendu, en ne lui donnant
que tout juste, et que le plus juste et le plus capable avec le superflu, aurait pour résultat l'*anar-
chie*, soit pour reprendre son bien, ou pour
arriver au pouvoir et remplir ses poches.

88

Le bien n'étant contraire à personne, et le mal
étant contraire à tout le monde ; on saurait à quoi
s'en tenir, si les rois se prononçaient pour l'un ou
pour l'autre ; puisqu'ils ont recours à la force
brutale, aux geôliers et au bourreau pour qu'on
fasse le bien avec l'*exemple* du mal, et que l'on
ferait le bien avec la morale en action, sans avoir
recours à qui que ce soit.

89

Pour savoir si ceux qui réclament de nouveaux
impôts sur les rentes et pensions et qui réclament
la conversion de la rente, sont justes ou injustes,

Il faut leur supposer 900 fr. de rente ou de
pension sur l'État avant le tiers consolidé. Mais
comme ces rentes et ces pensions ont été réduites
à 300 fr. et qu'elles ne valent que 100 fr. aujour-
d'hui, parce que tout a triplé de prix depuis un
demi-siècle, excepté les rentes et les pensions, et
qu'elles se réduisent vraiment à 25 fr. parce qu'on
prélève les trois quarts de ce que l'on possède et
que ce sont les petits rentiers et les travailleurs
qui paient pour ainsi dire toute les dépenses de
l'État ;

Satisfaire à de pareilles demandes, serait l'œuvre d'un machiavéliste ou d'un fou.

90

D'où vient que le vigneron vend une pièce de vins de 30 fr., 40 ?

Parce qu'il y a un 6me d'*impôt* sur le revenu des terres, et un 6me sur le revenu des maisons ; mais comme le marchand qui achète la récolte la revend 60 fr. parce qu'il a aussi un 6me sur son loyer et qu'il paie patente, jointe aux 50 fr. d'entrée dans Paris, c'est 110 fr. pour le bourgeois et 150 fr. pour le pauvre qui va boire ou acheter au cabaret ; mais comme c'est peu par comparaison aux esprits et à la livre de sel de deux liards qui se vend 5 sous, et à la livre de tabac de 6 sous qui se vend 4 et 6 fr. (19 fois de plus que la valeur de la marchandise), tous les produits de la terre étant doublés et triplés d'impôts ; ne demandez pas où passe l'or et l'argent, puisque le 6me d'impôt qui frappe sur le revenu des terres produit deux milliards , ce qui fait 500 millions de plus que le plus fort des budgets.

91

C'est une belle action que de s'occuper du sort des *travailleurs* ; mais comme on les entortille et que l'on s'embrouille quand on croit remédier à leurs souffrances, quand on se borne à montrer le mal comme des médecins sans remède ; si on en excepte les travaux exécutés avec les deniers publics, il faudrait poser cette question : pas de travaux sans le commerce, pas de commerce sans la confiance, pas de confiance quand on corrompt les peuples avec les deniers publics, et pas de corruption avec cette justice divine qui ne donne que tout juste.

92

Ne pouvant obtenir de la *publicité* que par la voie des journaux, et nos meilleurs organes croyant avoir tout dit, en criant : l'avenir appartient aux progrès ; comment se fait-il qu'on n'en trouve pas un pour éclairer les peuples sur la régénération sociale, sur les intérêts du Mont-de-Piété réduits de moitié, et sur la cause du mal et son remède ?

Parce qu'il n'y a plus de subvention ni de réclame, et qu'on ne peut plus faire semblant de défendre la cause du peuple pour arriver au pouvoir et remplir ses poches avec cette justice divine, qui ne donne pas d'argent pour corrompre les hommes.

93

Pourquoi dit-on : Aux grands maux les grands *remèdes*, puisque c'est un remède bien doux quand on peut régénérer le monde en serrant les cordons de sa bourse ?

Parce que les 99 sur 100 ne peuvent faire le

2

bien avec l'exemple du mal, et que tout le monde le ferait avec l'exemple du bien, sans argent, sans morale, ni châtiment ni autorité.

94

Qoique l'on ne puisse obtenir de la publicité que par la voie des *journaux*,

Du Nord au Midi, de l'Est à l'Ouest, les progrès de l'esprit se répandent sur toute la surface du globe sans le secours des journalistes ; à moins que d'en trouver un qui ait proclamé cette justice divine qui ne donne que tout juste, puisqu'elle a eu pour résultat la suppression de la loterie, des maisons de jeux, du vote secret, et des intérêts du Mont-de-Piété réduits de moitié, sans parler de cette belle révolution morale, proclamée par le grand Turc, et de la réforme électorale dont s'occupent tous les esprits.

95

N'est-ce pas un crime affreux pour les peuples, que de donner les trois quarts de ce qu'ils possèdent pour armer leurs enfants contre eux, de manière à nous faire reprendre nos chaînes de force ou de bon gré, par la corruption des peuples avec les deniers publics ?

Mais comme c'est pour cette raison que M. de Genoude et l'auteur de ces Pensées ont refusé l'*impôt*, pour ne céder qu'à la force ; la question est de savoir si les enfants de la patrie voudraient faire feu sur leurs frères et sur les auteurs de leurs jours, qui ne veulent pas payer pour corrompre les hommes.

Or, de deux choses, l'une : si on emploie la force brutale, c'est le réveil des peuples pour proclamer le refus de l'impôt qui est notre seule planche de salut; si on ne l'emploie pas, l'abus du pouvoir tombe de lui-même, car quel est l'homme qui voudrait payer volontairement pour armer le fils contre le père et corrompre ses semblables ?

96

Que font les Turcs et les Chinois, lorsqu'ils décapitent un homme qui vend à fausse mesure ou à faux poids, surtout lorsqu'ils n'ont pas plus d'égard pour le premier des ministres que pour le dernier des sujets ?

Ils proclament la liberté de faire le bien, et cette *justice* divine et humaine qui punit le mal et récompense le bien sans passe-droit; par la raison qu'ils détruisent moins de monde en dix ans que nous en un jour, soit pour le bon exemple ou par la crainte d'être pendu.

Mais comme cette justice divine, c'est le tombeau des rois par la grâce de Dieu, et que c'est pour cette raison que les Chinois sont traqués par les Anglais, comme les Turcs sont traqués par le bourreau de la Pologne,

On comprend les lois de septembre, les journalistes subventionnés, la responsabilité des imprimeurs, la dissolution de la garde nationale, les nouveaux impôts, les nuées d'agents de police, les armées sur le pied de guerre et les bastilles pour s'opposer aux progrès de l'esprit, et par conséquent au bonheur de l'humanité.

97

Les rois tyrans et leurs complices tombant d'eux-mêmes en ne donnant que tout juste pour payer les dépenses utiles de l'État,

N'ont-ils pas raison de croire, que prétendre *régénérer* le monde est l'œuvre d'un fou, puisque cela serait une folie pour eux, que d'approuver une chose juste qui leur donne du dessous et qui les empêche de vivre et de rire à nos dépens.

98

Les rois coupables et leurs complices ne pouvant se défendre que par des injustices, la calomnie, la force brutale, les mauvaises lois, et l'argent qui corrompt tout;

N'est-ce pas le cas de dire qu'ils seraient *forts*, s'ils avaient pour eux le juste, la vérité, la raison et l'estime publique, qui fait la confiance sans laquelle on ne peut rien faire?

99

Une *question* bien posée étant à moitié résolue;

posez telle question qu'il vous plaira en fait d'économie politique,

Vous aurez toujours pour résultat le droit divin qui ne peut se maintenir qu'avec le superflu de l'argent qui corrompt tout ; et de l'autre, le mérite sur le trône qui ne corrompt personne avec cette justice qui ne donne que tout juste.

100

Bien que *l'opinion publique* passe pour bien juger, que penser des peuples qui se révoltent contre la force brutale et la corruption et qui sacrifient leurs enfants et les trois quarts de ce qu'ils possèdent pour armer le fils contre le père et corrompre les hommes, puisque c'est l'œuvre d'un *fou* qui brûle sa maison et qui se poignarde, tout en criant au feu et à l'assassin.

101

Il y a deux sortes d'*avares*, les honnêtes gens qui veulent conserver leur bien, et les fripons qui veulent conserver le bien d'autrui.

Mais comme on accepte comme une chose due, parce que tout ce que l'on fait pour nous est au-dessous de notre mérite quand on est autant qu'un roi qui ne pense que pour lui ; l'avarice et tous les vices possibles sortent des palais des rois.

102

Pour savoir si ce sont les gros intérêts ou la

mauvaise foi qui empêchent de payer ses dettes, prêtez de l'argent à un de vos plus intimes sans intérêt, et à un étranger au-dessus du taux; la question est de savoir, si celui qui ne paie pas d'intérêt sera plus exact que celui qui en paie; sous ce rapport, ne pouvant fixer le taux de l'argent sur une garantie morale quand on ne peut compter sur personne, et qu'il n'en est pas de même sur une garantie réelle;

Voulez-vous savoir pourquoi les intérêts du Mont-de-Piété sont réduits de moitié, lisez la brochure qui a pour titre : *il n'y a pas d'usurier dans Paris.*

103

On dit que la *défiance* de l'un justifie la tromperie de l'autre; bien, pour les fripons entre eux, puisqu'on se défie toujours des fripons que l'on connaît, et jamais des gens de bien avec connaissance de cause.

104

Il ne s'agit pas du refus de l'*impôt*; au contraire, il s'agit de payer toutes les dépenses utiles de l'Etat, puisque c'est un crime affreux que de donner les trois quarts de son bien, pour satisfaire le droit de conquête, armer les uns contre les autres et corrompre ses semblables.

Mais comme on ne peut détruire l'abus du pouvoir, et qu'on ne peut arriver au droit d'élire et à ne donner que tout juste, que par le refus de l'impôt, excepté le 6me qui frappe sur le revenu des terres, parce qu'il serait plus que suffisant pour payer les dépenses utiles de l'Etat,

Où est le mal, quand on peut rétablir l'ordre, en serrant les cordons de sa bourse ?

105

Comme ce n'est pas le plus pauvre qui *accapare* les grains pour les revendre hors de prix, et que le pouvoir ne peut s'opposer aux riches qui votent le budget;

Loin de s'en prendre aux boulangers, on devrait s'en prendre à soi-même, puisqu'il suffit de serrer les cordons de sa bourse pour être plus riche, plus libre, meilleur et plus heureux sans nuire à qui que ce soit.

106

La question n'est pas de savoir si les rois sont plus *coupables* que les peuples, ou si les peuples sont plus coupables que les rois; mais comme l'ignorance fait le crime, il faut se demander si les rois pourront toujours travailler à la ruine et à la destruction de leurs sujets; ou si les peuples donneront toujours les trois quarts de ce qu'ils possèdent pour encourager le droit de conquête, pour armer le fils contre le père, et corrompre les hommes; ou si les enfants de la patrie, feront toujours feu sur leurs frères et sur les auteurs de leurs jours, qui veulent se soustraire aux tyrans, faiseurs de dupes.

107

La politique et la *justice* sont des armes à deux tranchants, dont l'une protège le crime qui entre dans l'intérêt des rois coupables, et l'autre sert à poignarder le fait innocent, et la vertu qui leur est contraire ; puisque la cause du mal est plus coupable que le fait, et que la vertu qui poursuit la cause du mal est un crime aux yeux des lois qui nous gouvernent.

108

Il y a deux sortes de *clémence*, l'une est un crime, et l'autre une vertu.

Car si on doit être clément pour ceux qui font mal comme pour ceux qui font bien, avec des lois qui condamnent le fait innocent et la vertu, et qu'on doit être sans pitié pour la cause du mal et pour ceux qui font le mal avec l'exemple du bien ;

Là clémence est une vertu pour les juges avec des lois injustes, et crime avec des lois qui ne sont contraires qu'aux coupables, ou, pour mieux dire, à personne, par la raison qu'on peut con-vertir le plus mauvais sujet avec cette justice di-vine qui ne donne pas d'argent pour corrompre ses frères.

109

On dit que l'*honneur* est une île escarpée et

sans bords, et qu'on ne peut plus y rentrer quand on en est dehors. Bien pour ceux qui ne sont pas à la hauteur de l'esprit du siècle, puisqu'on doit être clément pour le fait innocent, et que l'on peut convertir le plus mauvais sujet avec .cette justice divine.

110

Les hommes nés des barricades, élevant des bastilles contre leurs bienfaiteurs, qui ont exercé la plus belle des vertus, en renversant l'abus du pouvoir, et en fusillant leurs camarades pour avoir pillé ; ne demandez pas pourquoi le monde est injuste et *ingrat*, puisque ceux qui payent toutes les dépenses de l'État, n'ont pas de plus grand ennemi que ceux qui sont payés avec les deniers publics.

111

N'est-ce pas demander l'aumône à la porte d'un égoïste, que de réclamer ses *droits* à des représentants qui dévorent le budget, et à un pouvoir qui ne répond que par la force des baïonnettes ?

Mais comme ils iraient au-devant de nos desirs si on ne leur donnait que tout juste, et qu'ils ne peuvent voter le budget sans l'assentiment des contribuables ; les peuples n'ont pas le droit de se plaindre, dès l'instant qu'ils donnent des armes pour se faire battre.

112

Le plus grand des *crimes* des peuples, c'est de se laisser tondre comme des moutons, et c'est contre ces moutons, que l'on élève des bastilles armées de dix mille bouches à feu, gardées par 400 mille de nos enfants armés de nos propres mains.

113

La force brutale ne raisonne pas; l'officier ou le soldat qui raisonne, est précipité dans un cul-de-basse-fosse : c'est l'esclavage au plus haut degré.

On ne leur permet qu'une chose, c'est de braver la mort pour égorger et piller leurs faibles voisins, et leurs frères et les auteurs de leurs jours, sans bénéfice pour eux ni pour nous ; car si le mercenaire mutilé ne peut obtenir de pension alimentaire, ni tendre la main, à moins de récompenser les complices du plus grand des crimes ;

De deux choses l'une : vaut-il mieux défendre l'abus du pouvoir pour être maudit de tout le monde et mourir de besoin, que de défendre la cause de ses pères et la sienne, pour obtenir des *récompenses* et jouir de l'estime publique?

114

Bien qu'il y ait des *partis* à l'infini, parce que l'opinion tirée des intérêts différents fait que l'opinion de l'un n'est l'opinion de personne, il n'y a vraiment qu'un parti en France et sur toute la surface du globe : les honnêtes gens contre les fripons.

Car, dès l'instant qu'on paye la moitié du monde pour surveiller et combattre l'autre aux dépens des contribuables, on voit naître deux forces et deux intérêts contraires, les floueurs et les floués. Mais comme les gens de bien et les partis contraires font cause commune pour abattre l'abus du pouvoir, et que les partis vainqueurs s'entr'égorgeraient entre eux après la victoire, si le plus fort ou le plus rusé, pour arriver à la direction de l'État, ne promettait pas plus qu'il ne peut tenir ; on comprend comment les rois à leur avénement au trône sont pris entre deux feux, puisqu'ils ne peuvent satisfaire les partis qu'aux dépens des contribuables, et qu'ils ne peuvent contenter les contribuables sans avoir contre eux tous les partis contraires.

Autrement, l'abus du pouvoir tombant de lui-même, et ne trouvant pas de partis ni des solliciteurs, avec cette justice divine qui ne donne que tout juste, la réunion des honnêtes gens contre les fripons se réduit à zéro, puisqu'il n'y a pas un homme qui oserait faire le mal avec l'exemple du bien pour subir le plus grand des supplices, lorsqu'il suffira de faire bien pour jouir de l'estime publique qui est la plus belle des récompenses.

115

Que l'on ne s'y trompe pas, il n'y a ni parti prêtre, ni royaliste, ni henriquinquiste, ni communiste, ni bonapartiste, ni républicains avec les gens de bien contre les fripons, car s'il y a dans chaque *parti* des floueurs et des floués, ne trouvant ni l'un ni l'autre entre gens de bien, les honnêtes gens ne sont du parti de personne.

116

La meilleure des *religions* c'est la bonne foi qui fait la confiance sans laquelle on ne peut rien faire.

Mais comme les rois privés du bon sens sont plus à plaindre que coupables, et que le chef de l'Église paraît entrer dans les idées nouvelles ; il faut proclamer l'armistice général, car si on ne peut être plus sévère pour le fait innocent que pour ceux qui sont la cause du mal, à quoi bon la force brutale, les geôliers et les bourreaux, si on peut convertir le plus mauvais sujet avec cette justice divine qui ne donne que tout juste ?

117

S'il est vrai que l'opinion tirée des *intérêts* différents fait que l'opinion de l'un n'est l'opinion de personne ;

L'intérêt personnel de l'un étant contraire à tous, et l'intérêt général n'étant contraire à qui que ce soit ;

Celui qui entre dans l'intérêt universel est plus fort que tout le monde, puisqu'il a tous les hommes pour appui, et que les intérêts différents n'ont personne.

118

Où sont les vrais *défenseurs* de la cause des opprimés, à moins que d'en trouver un qui ait défendu cette cause sacrée pendant 10 ans sans l'avoir abandonnée ou trahie; mais comme il serait encore plus difficile d'en trouver un qui ait proclamé cette justice divine qui ne donne que tout juste, il est facile de reconnaître la bonne et la mauvaise foi; puisque les uns ne font rien que par orgueil, par intérêt et par jalousie, contraires à tout le monde, en se bornant à montrer le mal; et que les autres ne font rien que pour la gloire, l'intérêt général et l'émulation qui ne sont contraires à personne, en indiquant la cause du mal et son remède.

119

Un *roi* est juste ou il ne l'est pas; s'il est juste, il doit proclamer cette justice divine qui ne donne que tout juste; dans le cas contraire, il doit supprimer les tribunaux; s'il supprime les tribunaux c'est la guerre civile et la famine au plus haut degré, par la raison qu'on ne peut semer ni cultiver son bien, quand tout consiste à prendre et à se défendre comme les bêtes féroces, ou comme les rois avec leur droit de conquête pour prélever les trois-quarts de ce que l'on possède.

120

Il y a trois sortes *d'organes* du peuple, et par conséquent trois degrés de bon sens bien marqués, savoir :

Les pauvres d'esprit qui croient qu'on peut tromper les autres sans se tromper ;

Le sens commun qui dit mon pays avant tout, en se bornant à montrer le mal ;

L'autre, c'est la force du bon sens qui indique la cause du mal et son remède, et qui n'a pas de patrie, puisque dès l'instant qu'il prend l'intérêt de tout le monde, il est de tous les pays.

121

Pourquoi les peuples font-ils semblant de dormir ? parce que la *nature* qui va plus vite que l'esprit, sans pouvoir se rendre compte de ce qui se passe en elle, nous dit tout bas que l'on ne peut sortir des ténèbres avec des nouveaux impôts et des médecins sans remède.

122

Lorsqu'on voit des malheureux pères de famille rapporter des sacs d'écus et des portefeuilles pleins de billets de banque, et exposer leur vie pour sauver la nôtre, sans d'autre espèce d'intérêts que celui de faire une bonne action que les riches ne font pas souvent ;

Comme il y a plus de mérite à être honnête homme quand on manque de tout que lorsqu'on ne manque de rien, il y a moins de mérite dans les *richesses* et grandeurs que dans la pauvreté.

Bien que dans l'ordre voulu c'est le contraire, puisque l'habit fait le moine avec cette justice divine qui punit le mal et récompense le bien sans passe-droit.

123

Quoiqu'il n'y ait ni bonheur, ni société possible, ni bien réel, quand tout consiste à prendre et à se défendre comme les animaux, qui voudrait croire que c'est le *droit* le plus naturel et le plus juste ?

Puisque les rois ont le droit de prendre partout le bien des peuples, et que les peuples n'ont pas le droit de reprendre leur bien, sous peine de porter leur tête sur l'échafaud.

124

Soyez *débiteur* envers le pouvoir, dû ou non dû, il prend partout ; même sur les pensions alimentaires et insaisissables.

Dans le cas contraire, vous doit-il, supposons 200 fr., il vous répond, faites 300 fr. de frais, je paierai, moins les frais ; par ce moyen, il a

100 fr. de bénéfice, tout en payant ses dettes, sans délier les cordons de sa bourse ;

Mais comme les actions des peuples sont les actions des rois, et que pour la même somme, il faut dépenser 700 à 800 fr. pour faire arrêter un faiseur de dupes et le nourrir en prison, les voleurs ont beau jeu, puisque l'on échange presque toujours du bon argent contre du mauvais, soit qu'on perde ou qu'on gagne son procès.

125

Les *esclaves* sont à leurs maîtres ce que les peuples sont aux rois, avec cette différence que les maîtres s'occupent de la conservation des nègres avec leurs propres fonds, et que les rois travaillent à la ruine et à la destruction de leurs sujets avec les deniers publics.

126

Nécessité n'ayant pas de loi, plus le despotisme est grand, plus les *idées* font des progrès pour se soustraire à l'esclavage.

Mais comme on peut arrêter la tyrannie des rois en serrant les cordons de sa bourse, et qu'on ne peut arrêter la pensée ; il arrive que sans les rois tyrans faiseurs de dupes, on n'aurait jamais pu sortir de la servitude ni des ténèbres, pour recouvrer la lumière, sans laquelle la vraie liberté et le vrai bonheur seraient inconnus des faibles mortels.

On peut rendre les hommes plus heureux et meilleurs en serrant les cordons de sa bourse.

Mais comme ce sont les petits rentiers et les travailleurs qui payent, et que ce sont les propriétaires et les marchands qui déboursent, ils n'ont pas d'intérêt de refuser l'impôt, puisqu'ils louent et vendent dans les proportions qu'ils achètent et dans les proportions des *impôts* qu'ils payent. Or, que peuvent faire les baïonnettes contre la faim qui s'écrie. Si vous donnez des armes pour nous faire battre, il ne vous restera que les yeux pour pleurer.

Pour savoir quelles seront les conséquences de la *corruption* avec les deniers publics, il faut se dire: avec la corruption, pas de confiance; pas de confiance, pas de commerce; pas de commerce, pas de travaux; pas de travaux, pas de droit de propriété; pas de droit de propriété, pas de culture; pas de culture, c'est la güerre Civile et la famine au plus haut degré.

Mais comme la nature va plus vite que l'esprit, et que l'instinct arrive au but sans s'en douter; que dirait-on de ces émeutes, s'ils venaient à rétablir l'ordre, en disant aux plus riches: refusez de payer, pour armer le fils contre le père et corrompre les hommes.

Imprimerie Dugeneis, 22, quai des Augustins

Imprimerie Ducessois; 55, quai des Augustins.